DESAFIOS E ESTRATÉGIAS PARA A ADEQUAÇÃO DOS GOVERNOS À LEI GERAL DE PROTEÇÃO DE DADOS

Franklin Ribeiro

DESAFIOS E ESTRATÉGIAS PARA A ADEQUAÇÃO DOS GOVERNOS À LEI GERAL DE PROTEÇÃO DE DADOS

1ª Edição
Goiânia

ANGELIA
EDITORA

2024

Dados Internacionais de Catalogação na Publicação (CIP)
(Câmara Brasileira do Livro, SP, Brasil)

Ribeiro, Franklin
Desafios e estratégias para a adequação dos governos à lei geral de proteção de dados / Franklin Ribeiro. -- 1. ed. -- Goiânia, GO : Angelia Editora, 2024.

53 p.

Bibliografia.
ISBN 978-65-83134-35-6

1. Administração pública - Brasil 2. Direito à privacidade 3. Proteção de dados pessoais 4. Proteção de dados - Direito - Brasil 5. Proteção de dados - Legislação - Brasil 6. Proteção de dados - Leis e legislação I. Título.

24-235490   CDU-342.721(81)

Índices para catálogo sistemático:

1. Brasil : Lei Geral de Proteção de Dados : Direito à privacidade 342.721(81)

Aline Graziele Benitez - Bibliotecária - CRB-1/3129

SUMÁRIO

1 INTRODUÇÃO

Na atualidade, a internet se consolidou como uma das principais fontes de conhecimento, entretenimento e até mesmo geração de renda. Esse cenário, contudo, impacta significativamente a privacidade das pessoas, já que os dados referentes a essas pessoas circulam de maneira contínua, e nem sempre, protegida adequadamente.

Com o objetivo de garantir a proteção dos dados pessoais, a União Europeia publicou, em 2016, a GDPR, sigla referente ao Regulamento Geral sobre a Proteção de Dados, que entrou em vigor dois anos depois, em 2018. Essa regulamentação aplica-se tanto aos cidadãos europeus quanto às empresas que mantêm relações comerciais com o bloco.

No entanto, é importante ressaltar que outras nações, como os Estados Unidos, também implementam legislações que visam proteger dados pessoais, embora essa proteção seja fragmentada e setorial, em contraste com a abordagem mais integrada do bloco europeu. Nos Estados Unidos, a proteção de dados pessoais não é regida por uma única legislação abrangente. Em vez disso, o país conta com um conjunto de leis específicas que regulam diferentes setores.

Um exemplo notável é o *Privacy Act*, promulgado em 1974, que estabelece um conjunto de diretrizes sobre a coleta, manutenção e uso de informações pessoais por agências federais. Essa Lei exige que o consentimento do indivíduo seja obtido antes da divulgação de suas informações, exceto em casos específicos previstos na própria legislação. Além disso, existem ainda outras leis que abordam questões de privacidade em contextos mais específicos, refletindo a complexidade do sistema jurídico americano.

Ainda que a diversidade de legislações nos Estados Unidos ofereça algumas proteções, o impacto do GDPR trouxe uma crescente pressão para que o país adote regras mais robustas e abrangentes sobre proteção de dados. Essa mudança de paradigma é evidenciada por propostas como a do senador Roy Widen, que busca estabelecer um marco regulatório federal que impõe sanções severas para garantir que as corporações americanas respeitem a privacidade dos cidadãos. A proposta reflete um reconhecimento de que, sem uma legislação unificada, a proteção de dados pode ser inadequada e desigual em todo o país, deixando lacunas que podem ser exploradas.

Outro fator que exemplifica essa disparidade nas legislações é a *California Consumer Privacy Act* (CCPA), introduzida em 2018, que fornece um conjunto de direitos aos consumidores, como a exigência de consentimento informado e o direito de opt-out de vendas de dados pessoais. Essa lei destaca a tendência de estados individuais adotarem abordagens mais protetivas, forçando a necessidade de um regulamento federal que possa oferecer uma estrutura mais coesa.

Entretanto, mesmo que uma nova lei federal seja implementada, especialistas afirmam que é improvável que ela ofereça o mesmo nível de proteção rigorosa que o GDPR ou a Lei Geral de Proteção de Dados (LGPD) brasileira, destacando assim a importância de um debate contínuo sobre a proteção de dados nos Estados Unidos e no mundo.

Seguindo o exemplo da União Europeia, o Brasil aprovou a Lei 13.709, também em 2018, conhecida como Lei Geral de Proteção de Dados (LGPD). A Lei brasileira tem como objetivo garantir a privacidade e a proteção dos dados pessoais dos cidadãos brasileiros.

A LGPD trouxe grandes mudanças ao cenário brasileiro, refletidas na Emenda Constitucional nº 105, sancionada em fevereiro de 2022. Essa emenda acrescentou ao art. 5º da Constituição Federal o direito à proteção de dados pessoais, inclusive em ambientes digitais: "Art. 5º [...] LXXIX – é assegurado, nos termos da lei, o direito à proteção dos dados pessoais, inclusive nos meios digitais". Com isso, a privacidade passou a ser um direito fundamental, reforçando ainda mais a importância desse tema no Brasil.

Neste sentido, por estar inserida entre os direitos fundamentais, a proteção dos dados pessoais tornou-se cláusula pétrea, ou seja, tal direito não pode ser suprimido ou diminuído, sendo possível realizar apenas mudanças que ampliem ou reforcem ainda mais a proteção à privacidade dos dados pessoais, reforçando, portanto, a importância da atenção à temática.

É indubitável que a proteção de dados pessoais tornou-se um tema central no debate sobre a privacidade na era digital. Ao passo que as interações sociais, transações financeiras e o consumo de conteúdo acontecem, cada vez mais, no ambiente online, a quantidade de informações compartilhadas pelas pessoas cresce exponencialmente. É possível, nessa conjuntura, que dados como histórico de navegação, preferências de consumo e localização sejam considerados dados pessoais, tendo em vista que eles podem identificar uma pessoa.

Ademais, informações sensíveis como, por exemplo, condições de saúde e preferência religiosa, são coletadas, armazenadas e compartilhados por diversas empresas e organizações. Esse cenário torna essencial a existência da Lei Geral de Proteção de Dados e de demais dispositivos legais regulamentadores que sejam claros e abrangentes, a fim de garantir que os dados pessoais sejam tratados de forma segura e ética.

Destaca-se que a implementação da LGPD representou um marco significativo neste contexto. A legislação impôs uma série de obrigações às empresas e órgãos públicos no tratamento de dados pessoais, estabelecendo diretrizes para coleta, armazenamento, processamento e compartilhamento dessas informações.

Apesar da disseminação do conhecimento sobre importância da LGPD já ter ocorrido de forma impactante nos primeiros anos desde sua publicação, a adequação aos preceitos da Lei ainda representa um grande desafio para colocar em prática, especialmente em relação à implementação de meios efetivos de segurança de dados e ao conhecimento mais aprofundado do texto da Lei e de suas peculiaridades.

No contexto da administração pública, a falta de integração entre diferentes órgãos governamentais e a ausência de uma política unificada e padronizada de proteção de dados pessoais têm gerado dificuldades no cumprimento das diretrizes da LGPD, resultando em vulnerabilidades que colocam em risco a privacidade dos cidadãos.

Este estudo objetiva explorar em profundidade os principais temas abordados pela Lei Geral de Proteção de Dados (LGPD), com foco nos conceitos fundamentais e na importância do respeito à privacidade no Brasil. Busca investigar o processo de anonimização de dados pessoais como método de proteção, detalhando as técnicas, aplicações práticas e desafios de conformidade com a LGPD.

Serão analisados os princípios da LGPD, como finalidade, adequação, necessidade, segurança e responsabilização, destacando o papel de cada um na proteção de dados pessoais. Além disso, pretende-se abordar os direitos dos titulares, como acesso, retificação, exclusão e portabilidade, para enfatizar a importância do empoderamento do titular no controle de seus dados. O estudo também explora os conceitos de "*privacy by design*" e "*privacy by default*", mostrando como essas abordagens de proteção desde a concepção e por padrão contribuem para a segurança e conformidade contínua com a LGPD.

Outro ponto a ser examinado é o papel e a atuação da Autoridade Nacional de Proteção de Dados (ANPD), avaliando sua função na regulação e fiscalização do cumprimento da LGPD e nas diretrizes para fortalecer a governança em privacidade. Finalmente, o estudo analisa as práticas de conformidade com a LGPD e o desenvolvimento de Programas de Governança em Privacidade, com o objetivo de identificar boas práticas e estratégias de implementação e monitoramento de proteção de dados dentro das organizações. Com esses objetivos, o estudo visa contribuir para uma compreensão abrangente da LGPD e do caminho para assegurar a conformidade e a proteção de dados pessoais no cenário brasileiro.

A metodologia utilizada nesta pesquisa, é de estudo de caso com uma revisão bibliográfica, de dados qualitativos, coletados a partir de dados reais em sites oficiais do Governo, quanto aos objetivos, a pesquisa é exploratória pois proporciona maior familiaridade com o problema ao explicitá-lo (GIL, 2008). Quanto aos procedimentos técnicos, a pesquisa é desenvolvida com base em material já realizado, principalmente de registros institucionais, leis e documentos, onde busca-se dados a partir de materiais que analisam a implementação da LGPD no setor público, de acordo com os objetivos da pesquisa. A pesquisa foi desenvolvida por meio de estudo de caso em diversos órgãos públicos e de análise minuciosa de documentos institucionais da Autoridade

Nacional de Proteção de Dados (ANPD). A pesquisa buscou atender aos preceitos éticos e legais, com a análise dos tópicos apresentados acima, tendo como base os diversos autores estudados, prezando a boa informação e comunicação, a partir de dados públicos e abertos, disponíveis para o cidadão.

2 ANÁLISE DA LEI GERAL DE PROTEÇÃO DE DADOS PESSOAIS

A Lei Geral de Proteção de Dados Pessoais (LGPD), instituída pela Lei nº 13.709/2018, representa um marco regulatório para o tratamento de dados pessoais no Brasil, surgindo como resposta à necessidade de proteger direitos fundamentais em um cenário de crescente digitalização e uso intensivo de dados pessoais. Inspirada em legislações internacionais, como o Regulamento Geral de Proteção de Dados (GDPR) da União Europeia, a LGPD regulamenta de forma detalhada todas as etapas do ciclo de vida dos dados, desde a coleta e armazenamento até o compartilhamento e eventual eliminação, garantindo, assim, a privacidade e a segurança dos dados dos indivíduos.

A legislação reconhece a importância de equilibrar o direito à privacidade com o desenvolvimento econômico e a inovação. De acordo com o autor Bruno Bioni (2019), a LGPD busca harmonizar o avanço tecnológico com a proteção dos direitos fundamentais, promovendo um modelo sustentável de desenvolvimento econômico que respeita a privacidade.

A lei também estabelece princípios que orientam o tratamento dos dados, como a finalidade específica, a necessidade e a transparência, além de consagrar o direito de autodeterminação informativa, permitindo ao titular um controle significativo sobre como e para que fins suas informações são utilizadas.

Com a criação de um ambiente de segurança jurídica, a LGPD gera previsibilidade para empresas e consumidores, incentivando práticas de governança e compliance que não apenas respeitem os direitos dos titulares, mas também impulsionem o desenvolvimento econômico e tecnológico. Assim, a lei contribui para que o Brasil se alinhe às melhores práticas globais de proteção de dados, promovendo transparência, responsabilidade e inovação responsável no uso de informações pessoais.

Apesar de parecer evidente, é fundamental entender em quais situações a Lei Geral de Proteção de Dados (LGPD) se aplica e quando sua aplicação não é cabível, já que, em certos contextos práticos, é necessário avaliar se a legislação brasileira de fato se aplica, especialmente em casos de transferência internacional de dados.

Nessas situações, além de observarmos as disposições da Lei de Introdução às Normas do Direito Brasileiro (LINDB), o especialista deverá revisar o conteúdo dos artigos 3º e 4º da LGPD, além de verificar se existem tratados ou convenções internacionais que possam interferir na aplicação da norma. Isso se torna ainda mais importante considerando que nem sempre há uma harmonia entre tais normativas, sendo necessário ao intérprete identificar qual delas será aplicável, bem como ponderar o equilíbrio entre os direitos envolvidos.

Esse tipo de análise, abrangendo uma leitura integrada de diferentes normas, pode se estender também a outros cenários de tratamento de dados, onde a proteção de dados pessoais não é o único direito a ser considerado — especialmente quando em potencial conflito com outros direitos fundamentais.

Em uma situação hipotética, podemos imaginar um tratamento de dados com o objetivo de promover a inclusão social ou a diversidade, conforme os fundamentos elencados no artigo 3º da Constituição Federal, por exemplo, em uma iniciativa de contratação que visa incluir candidatos de determinado perfil específico.

Ao examinar a aplicabilidade da LGPD, o artigo 3º especifica que a lei será aplicável nos casos em que: (i) o tratamento de dados pessoais é realizado no Brasil; (ii) os dados tratados foram coletados em território brasileiro; (iii) o objetivo do tratamento é ofertar bens ou serviços no Brasil; ou (iv) os dados dizem respeito a indivíduos localizados em solo brasileiro.

O artigo ainda destaca que a aplicação da LGPD independe da localização da sede da pessoa ou empresa que realiza o tratamento, ou mesmo do local onde os dados estão armazenados. Esse entendimento foi confirmado em 2015, quando, com base no Marco Civil da Internet (Lei nº 12.965/2014), foi determinada a retirada provisória do site "Tudo Sobre Todos", que comercializava dados pessoais de brasileiros, reforçando o alcance da proteção de dados independentemente do país de origem do tratamento.

2.1 Principais definições da LGPD

A fim de fundamentar a proteção dos dados, a LGPD define conceitos essenciais para a compreensão e aplicação da norma. Primeiramente, define "dado pessoal" como toda e qualquer informação relacionada à pessoa natural identificada ou identificável.

Dentro dessa classificação, "dado pessoal sensível" refere-se às informações que, devido a seu caráter potencialmente discriminatório, requerem um nível de proteção mais rigoroso, tais como dados sobre origem racial ou étnica, convicção religiosa, opinião política, informações relacionadas à saúde ou à vida sexual, entre outros. Já "Tratamento de dados" refere-se a qualquer operação realizada com dados pessoais, incluindo coleta, armazenamento, uso e compartilhamento.

A LGPD também define os papéis de "controlador" e "operador": o controlador é a pessoa física ou jurídica que toma as decisões sobre o tratamento dos dados, enquanto o operador realiza o tratamento em nome do controlador.

No âmbito da administração pública, é relevante destacar que o Governo Estadual exerce o papel de controlador, uma vez que detém o poder de decisão sobre o tratamento dos dados pessoais. Esse poder de controle se estende também às secretarias e demais órgãos do Governo do Estado, que assumem essa função em razão do processo de desconcentração administrativa.

Dessa forma, o conceito de controlador e operador não está associado a uma pessoa física específica, como um servidor individual, mas sim ao órgão público como uma entidade institucional. Essa distinção ocorre porque esses órgãos agem subordinados à autoridade e direção dos agentes responsáveis pelo tratamento de dados.

Outra definição importante da LGPD é a da figura do encarregado, em 16 de julho de 2024, o Conselho Diretor da Autoridade Nacional de Proteção de Dados (ANPD) publicou a Resolução nº 18, estabelecendo um novo regulamento sobre a atuação do encarregado pelo tratamento de dados pessoais. Essa regulamentação, agora aprovada, detalha as normas sobre a nomeação, funções e responsabilidades do encarregado, conforme a Lei Geral de Proteção de Dados Pessoais (LGPD), assegurando que cada controlador e operador atue em conformidade com a legislação.

O regulamento especifica que o encarregado é o principal ponto de contato entre o controlador de dados, os titulares dos dados e a própria ANPD. A designação do encarregado deve ocorrer formalmente e pode envolver uma pessoa física ou jurídica. O encarregado é responsável por atender às solicitações dos titulares dos dados, receber comunicações da ANPD e orientar as práticas de proteção de dados dentro da organização.

Além disso, o regulamento define as qualificações e atribuições do encarregado, incluindo a supervisão da conformidade com a LGPD e a implementação de medidas de segurança e práticas de governança. Para assegurar a eficácia da atuação, o regulamento também trata de situações de conflito de interesse, prevenindo que o encarregado acumule funções que possam comprometer sua autonomia e objetividade.

Com essa resolução, a ANPD reforça a importância da figura do encarregado no cenário da proteção de dados, oferecendo diretrizes claras para que as organizações promovam uma gestão ética e eficaz dos dados pessoais.

2.2 Anonimização dos dados pessoais

No art. 5º, incisos III e XI, a LGPD apresenta os conceitos de dado anonimizado e anonimização, respectivamente. Dado anonimizado é aquele relativo a titular que não possa ser identificado e a anonimização é o meio técnico pelo qual um dado pessoal perde a possibilidade de associação a um indivíduo.

O oposto do conceito de dado pessoal seria o dado anônimo, isto é, aquele que não possibilita a identificação de uma pessoa. Conforme o próprio sentido do termo, "anônimo" refere-se a algo sem nome ou rosto (HOUAISS; VILLAR, 2009, p. 140).

Há diversas técnicas para anonimizar um dado pessoal, que quebram a conexão ou removem os elementos que identificam um dado pessoal à uma pessoa, alguns exemplos são a generalização, a supressão, a randomização e a pseudoanonimização.

Uma das técnicas mais utilizadas é a generalização, que reduz a especificidade dos dados ao agrupá-los em categorias mais amplas e menos precisas. Com isso, informações detalhadas sobre um indivíduo, como a data exata de nascimento, podem ser representadas por dados mais genéricos, como apenas o ano de nascimento ou uma faixa etária. Essa abordagem diminui a possibilidade de identificar uma pessoa específica a partir dos dados disponíveis, preservando, ao mesmo tempo, a utilidade da informação para fins estatísticos ou analíticos.

Outra técnica comum é a randomização, que introduz aleatoriedade nos dados, tornando-os menos rastreáveis a uma pessoa em particular. Isso pode ser feito por meio do embaralhamento de valores entre registros ou substituindo dados sensíveis por informações fictícias. A randomização impede que se faça uma associação direta com uma pessoa específica, mas mantém as propriedades gerais para análise em nível agregado.

A pseudoanonimização é uma técnica que substitui informações identificáveis por pseudônimos, como códigos ou números que, por si só, não revelam a identidade da pessoa. Embora os dados permaneçam protegidos, existe a possibilidade de reverter a anonimização caso se tenha acesso à chave que vincula o pseudônimo à identidade real. Assim, é uma técnica que eleva a segurança dos dados, mas que, por depender de um sistema de chaveamento, exige medidas adicionais para garantir que a reidentificação seja de fato impossível.

Por fim, a supressão consiste em remover completamente partes dos dados que poderiam identificar uma pessoa. Esse método pode envolver o apagamento de informações diretas, como o nome ou número de identificação, ou de dados que, em combinação com outros, permitiriam a identificação de alguém. A supressão é bastante eficaz, pois exclui totalmente as informações sensíveis, porém pode reduzir a utilidade do conjunto de dados dependendo da quantidade de dados removidos.

O parágrafo 3º do artigo 12 da Lei Geral de Proteção de Dados Pessoais (LGPD), sancionada em 2018, atribui à Autoridade Nacional de Proteção de Dados (ANPD) a responsabilidade de estabelecer padrões e métodos seguros para processos de anonimização de dados pessoais. Esse dispositivo permite que a ANPD defina quais técnicas e procedimentos são adequados para garantir a privacidade dos dados, minimizando a possibilidade de reidentificação. A anonimização, dessa forma, deve assegurar que os dados não possam ser atribuídos a uma pessoa específica, salvo se houver métodos adicionais que permitam sua reidentificação.

Em novembro de 2023, a ANPD publicou o documento "Estudo Técnico sobre Anonimização de Dados na LGPD: Uma Visão de Processo Baseado em Risco e

Técnicas Computacionais". Este estudo fornece uma análise aprofundada sobre as práticas e critérios de anonimização, explorando quatro tópicos principais.

O primeiro tópico aborda a utilidade do dado pessoal derivada da finalidade da operação de tratamento, orientando sobre como as técnicas de anonimização devem preservar a aplicabilidade dos dados para os fins específicos do tratamento. Em seguida, o estudo ressalta a importância da documentação do processo de anonimização, recomendando que as etapas sejam registradas de forma detalhada para garantir transparência e facilitar auditorias.

O terceiro tópico trata da gestão do risco de reidentificação, apresentando estratégias para avaliar e mitigar os riscos de que dados anonimizados sejam associados novamente a uma pessoa específica. Por fim, o estudo discute as limitações das técnicas de anonimização, alertando para os desafios e restrições que essas técnicas enfrentam em diferentes contextos, especialmente diante de avanços tecnológicos que possam ameaçar a eficácia dos processos de anonimização.

Esse estudo técnico da ANPD fornece diretrizes importantes e práticas para que gestores e profissionais de proteção de dados possam aplicar as técnicas de anonimização de maneira segura e eficaz, atendendo às exigências da LGPD e alinhando-se às melhores práticas internacionais.

2.3 Princípios da LGPD

No que concerne aos princípios norteadores, a LGPD estabelece diretrizes para o tratamento de dados pessoais, as quais refletem a essência da proteção dos direitos dos titulares e da ética na utilização das informações. Dentre os principais princípios, destacam-se: finalidade, adequação, necessidade, transparência, segurança e prevenção.

Segundo o Art. 6º da LGPD, o tratamento de dados deve ter uma finalidade específica e ser adequado ao propósito para o qual os dados foram originalmente coletados. Além disso, os princípios de necessidade e minimização recomendam o uso mínimo de dados, evitando o tratamento de informações irrelevantes ou excessivas.

A transparência, por sua vez, impõe o dever de fornecer clareza aos titulares sobre as práticas de tratamento de seus dados, enquanto os princípios de segurança e prevenção exigem que os responsáveis pelo tratamento adotem medidas preventivas para evitar danos e vazamentos.

O princípio da segurança implica que as organizações que tratam dados pessoais devem implementar medidas técnicas e administrativas adequadas para proteger essas informações contra acessos não autorizados, vazamentos, e outras formas de tratamento inadequado ou ilícito. Essa segurança não se restringe apenas a tecnologias de proteção, como criptografia ou sistemas de firewall, mas também envolve a criação de políticas internas de segurança da informação, capacitação de funcionários e a realização de avaliações de risco.

O objetivo é assegurar a confidencialidade, integridade e disponibilidade dos dados, protegendo-os de incidentes que possam comprometer a privacidade dos titulares. A implementação desse princípio é vital, não apenas para evitar prejuízos aos indivíduos, mas também para garantir a conformidade com a legislação, evitando sanções e prejuízos à reputação da organização.

O princípio da prevenção destaca a importância de adotar medidas proativas para evitar danos aos titulares de dados. Isso envolve a antecipação de possíveis riscos e a implementação de ações que minimizem a probabilidade de ocorrências indesejadas. As organizações devem, portanto, desenvolver estratégias que considerem não apenas os riscos conhecidos, mas também a possibilidade de novos desafios que possam surgir com a evolução tecnológica e a mudança nas práticas de tratamento de dados.

A prevenção está intimamente ligada à cultura organizacional, pois exige um comprometimento da alta gestão em promover práticas de proteção de dados em todas as áreas da empresa, integrando-as nas atividades diárias e nos processos de tomada de decisão.

Já o princípio da responsabilização e prestação de contas estabelece que as entidades que tratam dados pessoais devem ser capazes de demonstrar a conformidade com a LGPD e os princípios que ela estabelece. Isso significa que as organizações não só devem adotar as medidas necessárias para proteger os dados, mas também documentar e evidenciar essas ações.

A prestação de contas envolve a criação de registros e relatórios que mostrem como os dados são tratados, quais medidas de segurança estão em vigor, e como as solicitações dos titulares de dados são atendidas. Esse princípio visa assegurar transparência nas práticas de tratamento e promover uma cultura de responsabilidade, onde as organizações são responsabilizadas por quaisquer danos decorrentes de um tratamento inadequado de dados.

Em última análise, a responsabilização e a prestação de contas não apenas protegem os titulares, mas também fortalecem a confiança do público nas organizações e no mercado como um todo. A conformidade com esses princípios, segundo José R. Rego (2021), é essencial para evitar o uso abusivo dos dados e mitigar riscos de responsabilização civil e penal.

2.4 Direitos dos titulares de dados pessoais

A Lei Geral de Proteção de Dados (LGPD) no Brasil descreve uma série de direitos aos titulares de dados, que são as pessoas físicas cujas informações pessoais são coletadas e tratadas por empresas e organizações. Esses direitos são fundamentais para garantir que os indivíduos tenham controle sobre seus dados e possam exigir transparência no uso dessas informações de acordo com o artigo 18. da Lei 13. 709/2018:

> Art. 18. O titular dos dados pessoais tem direito a obter do controlador, em relação aos dados do titular por ele tratados, a qualquer momento e mediante requisição: I - confirmação da existência de tratamento; II - acesso aos dados; III - correção de dados incompletos, inexatos ou desatualizados; IV - anonimização, bloqueio ou eliminação de dados desnecessários, excessivos ou tratados em desconformidade com o disposto nesta Lei; V - portabilidade dos dados a outro fornecedor de serviço ou produto, mediante requisição expressa e observados os segredos comercial e industrial, de acordo com a regulamentação do órgão controlador; VI - eliminação dos dados pessoais tratados com o consentimento do titular, exceto nas hipóteses previstas no art. 16 desta Lei; VII - informação das entidades públicas e privadas com as quais o controlador realizou uso compartilhado de dados; VIII - informação sobre a possibilidade de não fornecer consentimento e sobre as consequências da negativa; IX - revogação do consentimento, nos termos do § 5º do art. 8º desta Lei.

Dentre os principais direitos garantidos pela Lei Geral de Proteção de Dados Pessoais (LGPD), destaca-se o direito de confirmação e acesso. Esse direito permite ao titular solicitar ao controlador informações sobre o tratamento de seus dados pessoais. Isso significa que qualquer indivíduo pode perguntar se seus dados estão sendo processados e, caso afirmativo, ter acesso a informações detalhadas sobre quais dados são mantidos, qual é a finalidade do tratamento, e com quem essas informações podem ser compartilhadas.

Essa transparência é fundamental, pois assegura que os titulares tenham conhecimento sobre a utilização de suas informações, permitindo que exerçam um controle mais efetivo sobre seus dados.

Outro direito relevante é o direito de correção e atualização. Esse direito possibilita que o titular solicite a retificação de dados pessoais que estejam incorretos ou desatualizados. Por exemplo, se uma pessoa mudar seu endereço ou sua situação civil, ela tem o direito de pedir que essas informações sejam corrigidas nos registros do controlador.

Esse mecanismo é essencial para garantir a precisão das informações, prevenindo que dados incorretos resultem em decisões erradas ou prejudiciais ao titular. Além disso, a possibilidade de atualização regular dos dados reforça a responsabilidade dos controladores em manter a integridade e a veracidade das informações que possuem.

O direito de eliminação e revogação de consentimento também é fundamental, pois permite que o titular solicite a exclusão de seus dados pessoais em determinadas situações, como quando os dados não são mais necessários para a finalidade para a qual foram coletados. Além disso, o titular pode revogar o consentimento previamente dado para o tratamento de seus dados. Essa disposição fortalece a autonomia do indivíduo, garantindo que ele tenha a opção de interromper o uso de suas informações e eliminá-las de forma segura e eficaz. A eliminação dos dados é um passo importante para a proteção da privacidade, especialmente em um mundo onde o armazenamento e o uso de dados pessoais são cada vez mais comuns.

Por fim, o direito de portabilidade autoriza o titular a transferir seus dados pessoais a outros fornecedores de serviços, conforme regulamentação específica. Isso significa que um indivíduo pode solicitar que seus dados sejam transferidos de um controlador para outro, facilitando a migração entre serviços e promovendo a competitividade no mercado.

A portabilidade é uma forma de empoderar os usuários, permitindo que escolham os melhores serviços de acordo com suas necessidades e preferências. Essa liberdade de movimentação dos dados também é um reflexo do princípio da autodeterminação informativa, que confere aos indivíduos o poder de decidir sobre suas informações pessoais.

Esses direitos, conforme expõe Danilo Doneda em "Direito Fundamental à Proteção de Dados Pessoais: Uma Visão Constitucional" (2019), configuram o princípio da autodeterminação informativa. Esse princípio é fundamental para a proteção dos dados pessoais, pois assegura que os indivíduos tenham controle sobre suas próprias informações, promovendo a dignidade e a autonomia em um contexto onde os dados se tornaram um ativo valioso.

Em suma, os direitos previstos na LGPD são cruciais para estabelecer um ambiente de respeito e responsabilidade no tratamento de dados pessoais, assegurando que as entidades respeitem as vontades e a privacidade dos titulares.

2.5 *Privacy by Design* e *Privacy by default*

O art. 46 da LGPD estabelece que os agentes de tratamento devem implementar medidas de segurança, técnicas e administrativas para proteger os dados pessoais. Já o §2º acrescenta que essas medidas devem ser observadas desde a fase da concepção do produto ou do serviço até sua execução.

Teixeira e Guerreiro (ANO, p. 47) acerca da privacidade desde a concepção discorrem que

> Detalhando, o termo privacy by design refere-se à metodologia que visa proteger a privacidade do usuário desde a concepção de quaisquer sistemas de tecnologia da informação ou de práticas de negócio que sejam concernentes ao ser humano. Assim, a proteção de privacidade seria o ponto de partida para o desenvolvimento de qualquer

projeto, sendo incorporada à própria arquitetura técnica dos produtos ou serviços.

Como consequência da implementação do conceito de "privacidade desde a concepção", surgiu também a expressão "privacidade por padrão". Essa metodologia estabelece que, durante a fase de coleta de dados pessoais em sistemas de tecnologia da informação, as configurações devem ser as mais restritivas possíveis por padrão. O objetivo é assegurar a proteção dos dados pessoais de maneira automática, mesmo antes de qualquer interação do usuário com a máquina nesse aspecto. Assim, o sistema é configurado para operar no nível mais elevado de proteção.

A promoção de uma cultura de segurança da informação é tão essencial e importante quanto outras práticas comuns em uma empresa, pois qualquer indivíduo, seja um funcionário ou um terceiro que lida com dados, pode cometer erros que coloquem tanto ele quanto a empresa em risco de responsabilização por violar a lei.

Convém ressaltar que o investimento em segurança da informação deve ser proporcional à quantidade de dados que a empresa manipula, e não necessariamente ao seu porte, como patrimônio, faturamento ou número de filiais. Por exemplo, existem pequenas empresas ou startups que lidam com grandes volumes de dados como parte de suas atividades principais.

As boas práticas de segurança devem ser integradas ao dia a dia de funcionários, prestadores de serviço e qualquer outra pessoa que trate dados, visando evitar acessos não autorizados, além de prevenir eventos acidentais ou ilícitos que possam resultar em destruição de informações. A legislação não exime o agente de sua responsabilidade nesses casos; pelo contrário, ela exige que ele atue de forma a prevenir tais incidentes, adotando as medidas necessárias conforme estipulado.

2.6 Autoridade Nacional de Proteção de Dados - ANPD

A Autoridade Nacional de Proteção de Dados (ANPD) é um órgão Federal independente e que faz parte do Poder Executivo, foi criada em 2018 e tem como objetivo fiscalizar e aplicar a Lei Geral de Proteção de Dados que versa sobre diretrizes e normas para o cumprimento das obrigações da Lei Geral de Proteção de Dados (LGPD) no que estabelece à implementação de Programas de Governança de Privacidade (PGP), às Políticas de Privacidade e a estruturação do Programa de Governança de Dados (PGD).

Essas orientações têm como objetivo assegurar que o tratamento de dados pessoais seja conduzido de acordo com os princípios e normas legais, garantindo proteção, transparência e responsabilidade na manipulação dos dados pessoais.

O Programa de Governança em Privacidade (PGP) é uma estrutura organizacional que tem como objetivo implementar práticas e medidas adequadas para a gestão e proteção de dados pessoais, sendo essencial para assegurar que a empresa ou instituição adote uma postura proativa em relação à conformidade com a Lei Geral de Proteção de Dados (LGPD).

A Autoridade Nacional de Proteção de Dados (ANPD) recomenda que o Programa de Governança em Privacidade (PGP) inclua políticas, diretrizes e processos específicos que abordem a coleta, o armazenamento, o uso, a proteção e o descarte de dados pessoais, sempre em conformidade com os princípios de transparência, segurança e responsabilização previstos na LGPD.

Além disso, o próprio programa deve prever o monitoramento contínuo de riscos e a realização de auditorias regulares para avaliar a eficácia das medidas de proteção e o nível de conformidade com a legislação.

A Política de Privacidade é um documento público e essencial para a transparência no tratamento de dados pessoais, por meio do qual as organizações comunicam aos titulares quais dados são coletados, para que fins, como são utilizados, por quanto tempo são armazenados e quais são os direitos dos titulares em relação ao tratamento de suas informações.

A Autoridade Nacional de Proteção de Dados (ANPD) declara que a Política de Privacidade deve ser escrita de forma clara e acessível, evitando complexidades técnicas que dificultem a compreensão dos titulares sobre o tratamento de seus dados.

O Programa de Governança de Dados (PGD), representa uma abordagem integrada e contínua de governança que orienta a conformidade com a LGPD e mitiga riscos associados ao tratamento de dados pessoais.

A Autoridade Nacional de Proteção de Dados (ANPD) recomenda que o Programa de Governança de Dados inclua processos que assegurem a gestão efetiva de todo o ciclo de vida dos dados, desde sua coleta até seu descarte, promovendo um ambiente de conformidade que se perpetue ao longo do tempo. Este programa deve estar alinhado aos valores e objetivos estratégicos da organização, engajando a alta administração e todos os níveis hierárquicos no compromisso com a proteção dos dados pessoais.

3 CONFORMIDADE COM A LGPD

Após uma análise dos principais aspectos da Lei Geral de Proteção de Dados (LGPD), destaca-se a importância de desenvolver um programa robusto de adequação às normas de proteção de dados nas organizações. A LGPD não se limita ao cumprimento formal de requisitos, mas busca promover uma cultura organizacional que valorize a privacidade e a segurança de dados. Assim, o desenvolvimento de um programa de governança em privacidade deve ser moldado conforme a complexidade de cada organização, fundamentado em princípios essenciais que asseguram sua implementação eficaz.

Para alinhar o programa com as diretrizes da LGPD, é importante considerar as bases legais que justificam o tratamento de dados, estabelecendo um fluxo de procedimentos claros para lidar com dados pessoais e monitorar as operações. Isso garante que todos estejam cientes do que, como e por que os dados são tratados. Identificar e responder a incidentes de segurança é essencial, ao mesmo tempo que se desenvolvem atividades voltadas para a experiência e os direitos do titular, sempre em sintonia com as expectativas do mercado. A transparência também é vital, permitindo que os titulares entendam e controlem o uso de seus dados, criando uma relação de confiança.

O programa de adequação inclui etapas para operacionalizar esses fundamentos de forma prática e eficaz, como o mapeamento detalhado dos dados tratados pela empresa e a análise da base legal de cada operação. A governança da privacidade, por sua vez, é uma fase crítica que envolve a nomeação de um encarregado de proteção de dados e a criação de um grupo de trabalho que garanta a continuidade do programa. Este é um indicador de maturidade e comprometimento da empresa com o cumprimento da LGPD.

A documentação exigida pela LGPD — como políticas de privacidade e contratos atualizados — não apenas cumpre as exigências legais, mas também demonstra a conformidade da empresa com as auditorias e evidência um compromisso contínuo com a proteção dos dados. Para que o programa seja eficaz, todos os colaboradores devem estar cientes da importância da proteção de dados, o que é promovido através de treinamentos regulares, campanhas e o apoio da alta gestão. Esses esforços conjuntos criam uma cultura organizacional de segurança e responsabilidade no tratamento de dados.

O programa de adequação à LGPD deve ser flexível e adaptável às particularidades de cada organização, o que permite realizar etapas de forma simultânea ou ajustar o programa conforme o contexto, como o trabalho remoto, que alterou práticas durante a pandemia. O sucesso desse programa exige atualização constante das metodologias e ferramentas empregadas. A implementação de tecnologias de automação e segurança pode contribuir significativamente para todas as fases do programa, desde o mapeamento até a análise de riscos e o monitoramento contínuo, garantindo que a organização se mantenha em conformidade e alinhada às melhores práticas de proteção de dados.

4 PROGRAMA DE GOVERNANÇA EM PRIVACIDADE

O Art. 50 da Lei Geral de Proteção de Dados Pessoais (LGPD) estabelece que tanto os controladores quanto os operadores têm a liberdade de formular regras de boas práticas e governança para o tratamento de dados pessoais. Essas regras devem abordar diversos aspectos relacionados à organização e funcionamento do tratamento, incluindo procedimentos para reclamações e petições dos titulares, normas de segurança, padrões técnicos e obrigações específicas dos envolvidos. Além disso, é essencial que essas diretrizes incluam ações educativas e mecanismos internos destinados à supervisão e mitigação de riscos, assegurando um tratamento de dados que respeite os direitos dos titulares.

O parágrafo 1º do mesmo artigo ressalta que, ao estabelecer essas regras, os controladores e operadores devem considerar a natureza, o escopo e a finalidade do tratamento, assim como a probabilidade e a gravidade dos riscos e benefícios associados ao tratamento de dados pessoais. Essa avaliação é crucial para garantir que as práticas adotadas sejam adequadas ao contexto específico em que os dados são tratados, promovendo uma abordagem que priorize a segurança e a privacidade dos titulares.

A legislação menciona, no 2º parágrafo, que ao aplicar os princípios de proteção de dados, os controladores devem considerar sua estrutura, escala e volume de operações, além da sensibilidade dos dados tratados. Isso permite que eles implementem programas de governança em privacidade que demonstrem compromisso com as normas e práticas de proteção de dados.

Esses programas devem abranger a totalidade dos dados sob seu controle e ser adaptados às particularidades da organização, incluindo políticas de proteção que resultem de avaliações de riscos à privacidade. A transparência na relação com os titulares e a inclusão de mecanismos de participação também são enfatizadas como essenciais para a construção de confiança.

É importante destacar que, ao contrário de um projeto, que possui um ciclo definido com início, meio e fim, um programa estabelece uma abordagem abrangente que influencia permanentemente os processos de tomada de decisão, focando em riscos e na melhoria contínua da maturidade organizacional. No entanto, é possível desenvolver projetos específicos para atingir os objetivos definidos pelo programa.

Ao elaborar projetos voltados para os objetivos do programa, é fundamental escolher a metodologia que melhor se adeque à realidade da instituição. Após a seleção da metodologia, é necessário definir alguns elementos essenciais: os objetivos, as metas e os indicadores de desempenho; os líderes responsáveis por cada área de atuação do projeto, incluindo interação com o cidadão, operações de TI, segurança da informação, jurídico e operadores; e os canais de comunicação com esses líderes, cidadãos, operadores e também com a Autoridade Nacional de Proteção de Dados (ANPD).

Ademais, é recomendável estabelecer modelos padronizados para a coleta de informações que subsidiarão relatórios destinados à alta administração. Esses modelos facilitarão a comunicação e garantirão que os dados sejam apresentados de maneira clara e consistente.

Em março de 2024, a Autoridade Nacional de Proteção de Dados (ANPD) lançou a versão 2.2 do Guia de Elaboração de Programa de Governança em Privacidade (PGP), que define a estrutura do programa com base no ciclo PDCA (Plan, Do, Check and Act). Esta estrutura é dividida em três fases: iniciação e planejamento, construção e execução, e, por fim, monitoramento.

4.1 Iniciação e Planejamento

A fase de Iniciação e Planejamento tem como objetivo identificar as informações e dados mais relevantes que precisam ser compreendidos. O ideal é que este processo comece com a nomeação do encarregado, assegurando ampla divulgação desse ato entre os colaboradores internos e demais interessados, de acordo com os procedimentos de comunicação do órgão.

O encarregado desempenha um papel crucial ao orientar a instituição em relação ao PGP, atuando em conjunto com o Comitê de Governança Digital, conforme estipulado no Art. 2º do Decreto nº 10.332, de 28 de abril de 2020.

De acordo com o Guia Orientativo da ANPD sobre as definições dos agentes de tratamento de dados pessoais e do encarregado, a Lei Geral de Proteção de Dados (LGPD) não estabelece distinção entre pessoa física ou jurídica para o cargo de encarregado, nem exige que ele seja um funcionário da organização ou um agente externo. A ANPD sugere que, com base em boas práticas internacionais, o encarregado pode ser tanto um colaborador da instituição quanto um agente externo, e recomenda que sua nomeação seja formalizada através de um ato administrativo ou um contrato de prestação de serviços.

Durante a fase de Iniciação e Planejamento, é essencial alinhar as expectativas com a alta administração, priorizando as ações mais urgentes e considerando os projetos e estruturas organizacionais envolvidas. Este alinhamento é fundamental, pois orienta o estabelecimento de uma cultura de proteção de dados dentro da instituição.

Outro aspecto a ser considerado é a maturidade organizacional. Isso envolve a análise da rastreabilidade de dados, que consiste em estruturar e descrever as informações tratadas em cada sistema, assim como avaliar a comunicação e transparência com o cidadão.

Para auxiliar nessa análise de maturidade, a Secretaria de Governo Digital (SGD), por meio do

Programa de Privacidade e Segurança da Informação (PPSI), disponibiliza uma ferramenta no capítulo 7 do Guia do Framework de Privacidade e Segurança da Informação, que ajuda no diagnóstico do nível de maturidade do órgão em relação à adoção de controles de privacidade e segurança da informação. A avaliação da maturidade se concentra na gestão do nível de proteção em privacidade e segurança, utilizando índices de maturidade para guiar a implementação e o monitoramento dos controles e medidas necessárias.

Ainda nesta fase, também é crucial analisar e adotar medidas de segurança, revisando e propondo melhorias nas diretrizes e na cultura interna da organização. Nesse contexto, o Guia de Boas Práticas da LGPD pode ser uma ferramenta valiosa para a construção do PGP. Este guia visa fornecer orientações sobre boas práticas para órgãos e entidades da Administração Pública Federal direta, autárquica e fundacional em suas operações de tratamento de dados pessoais, conforme disposto no art. 50 da LGPD.

O Comitê Central de Governança de Dados (CCGD), instituído pelo Decreto nº 10.046, de 9 de outubro de 2019, publicou o guia com a intenção de propor diretrizes que promovam a sustentabilidade das ações de proteção aos dados pessoais em um país que se destaca na transformação digital do governo.

Além disso, para apoiar a estrutura do PGP e as atividades do encarregado, recomenda-se estabelecer uma estrutura organizacional para a governança e gestão da proteção de dados pessoais, levando em conta o porte da instituição.

4.2 Construção e Execução

Após a etapa de iniciação e planejamento, a segunda fase do Programa de Governança em Privacidade se inicia. Com 8 marcos, a fase de construção e execução deve considerar o gerenciamento dos direitos individuais, o consentimento e rastreamento de preferência e a redução de responsabilidade por violação.

Nesta fase é essencial estabelecer políticas e práticas que assegurem a proteção da privacidade dos cidadãos. Essas diretrizes devem garantir que o uso de dados pessoais esteja em conformidade com a legislação e que haja mecanismos de proteção contra abusos e divulgações indevidas. A comunicação dessas políticas deve ocorrer por meio de diversos canais, como aplicativos de mensagens, e-mails, videoconferências e o site da instituição. É igualmente importante definir funções específicas para os servidores envolvidos em todas as etapas do tratamento de dados, além de promover a educação de colaboradores e cidadãos sobre seus direitos relacionados à privacidade.

A construção de uma cultura de segurança e proteção de dados deve ser incorporada desde o início do desenvolvimento do PGP. Isso envolve comunicar claramente os objetivos, metas e responsabilidades da Administração Pública no tratamento de dados pessoais, além de tornar as informações sobre o PGP acessíveis e compreensíveis. A capacitação deve ser oferecida para implementar a abordagem de "Privacidade desde a Concepção", que integra a proteção de dados em todas as fases de projetos e sistemas, assegurando que as medidas de segurança sejam automáticas e constantes ao longo do ciclo de vida dos dados.

Durante a fase de Construção e Execução do PGP, é crucial elaborar o Relatório de Impacto à Proteção de Dados Pessoais (RIPD). Este documento serve como uma ferramenta importante para demonstrar a conformidade nas operações de tratamento de dados e identificar processos que possam apresentar riscos às liberdades civis. O RIPD deve descrever os processos de tratamento e as medidas de mitigação implementadas, sendo que o Guia de Boas Práticas da LGPD oferece orientações úteis para sua elaboração.

Na mesma fase, é fundamental desenvolver ou atualizar as diretrizes internas de proteção de dados. Isso inclui a verificação da adequação do tratamento de dados, a garantia de que os controles de segurança são suficientes e a revisão de contratos existentes. A política de privacidade deve ser elaborada em conformidade com a LGPD, estabelecendo diretrizes claras sobre o tratamento de dados, assegurando os direitos dos titulares e reforçando a segurança da informação.

Além disso, os contratos e convênios que envolvem o tratamento de dados pessoais precisam ser revisados para garantir conformidade com a LGPD. É necessário incluir cláusulas que abordem a transparência na coleta e no tratamento de dados, definindo claramente as responsabilidades do controlador e do operador, e assegurando que os titulares tenham acesso e controle sobre suas informações. Essa revisão é vital para refletir os princípios da lei.

Por fim, conforme o Guia de elaboração de Termo de Uso e Política de Privacidade, o Termo de Uso deve descrever as condições e regras do serviço, enquanto a Política de Privacidade deve esclarecer como os dados pessoais são tratados. O Termo de Uso, que funciona como um contrato de adesão, estabelece direitos e obrigações entre prestador e usuário. É imprescindível que ambos os documentos sejam constantemente atualizados para refletir com precisão as práticas de tratamento de dados e as obrigações legais, garantindo a transparência e a responsabilidade dos agentes de tratamento.

4.3 Monitoramento

A última fase do Programa de Governança em privacidade consiste no monitoramento e possui quatro marcos: indicadores de performance, gestão de incidentes, análise de resultados e reporte de resultados.

Os Indicadores de Performance (KPIs) são ferramentas utilizadas para realizar análises periódicas dos principais parâmetros de desempenho, permitindo a identificação de lacunas no programa de governança em privacidade e o progresso de outras iniciativas relacionadas. É recomendado o uso de indicadores como o Índice de Maturidade por Controle (iMC), o Índice de Maturidade de Privacidade (iPriv) e o Índice de Maturidade de Segurança da Informação (iSeg), conforme descrito no Capítulo 6 do Guia do Framework de Privacidade e Segurança da Informação.

Além desses, devem ser considerados indicadores mais específicos, como o monitoramento de incidentes de violação de dados, o índice de serviços que possuem dados pessoais devidamente inventariados, e a proporção de serviços que possuem termos de uso e Relatórios de Impacto à Proteção de Dados (RIPD) elaborados. Também é importante acompanhar o índice de treinamentos realizados em privacidade e segurança da informação, além do percentual de ativos institucionais e de software que foram inventariados em relação ao total existente na instituição.

Na fase de monitoramento do Programa de Governança em Privacidade (PGP), é essencial estabelecer um processo de Gestão de Incidentes que inclua um planejamento de resposta adequado à Lei Geral de Proteção de Dados (LGPD). Esse processo deve registrar todos os incidentes relacionados à segurança da informação e à privacidade, documentando detalhes como a descrição do evento, os sistemas e informações afetados, as medidas de segurança adotadas, os riscos associados e as ações tomadas para mitigá-los, visando prevenir ocorrências futuras.

Ademais, é fundamental criar e manter controles e procedimentos específicos para detectar, tratar, coletar e preservar evidências de incidentes de segurança da informação e privacidade. Isso ajuda a minimizar os riscos enfrentados pela solução de Tecnologia da Informação e Comunicação (TIC) ou pelo órgão contratante, levando em conta os critérios de aceitabilidade de riscos estabelecidos. Já os marcos de análise e reporte de resultados são de suma importância para demonstrar à alta gestão o valor do Programa de Governança em Privacidade.

CONCLUSÃO

Conclui-se que a LGPD inaugura uma nova era de responsabilidade e transparência na utilização de dados pessoais no Brasil, alinhando-se às exigências globais de proteção de dados, especialmente as do Regulamento Geral de Proteção de Dados (GDPR) da União Europeia. Assim, a lei visa proteger o direito à privacidade e, simultaneamente, possibilitar o desenvolvimento econômico sustentável e ético. Ao implementar esses princípios e diretrizes, a LGPD contribui para o aprimoramento das práticas de segurança e governança nas organizações, estabelecendo novos padrões de gestão de dados e de respeito à privacidade dos titulares.

A análise realizada neste artigo evidencia que, no âmbito da administração pública, a ausência de integração entre diferentes órgãos governamentais e a falta de uma política unificada de proteção de dados pessoais constituem obstáculos significativos para a plena conformidade com a Lei Geral de Proteção de Dados (LGPD). Esses desafios resultam em vulnerabilidades que comprometem a privacidade dos cidadãos, além de dificultarem o cumprimento das diretrizes estabelecidas pela legislação.

Diante desse panorama, o objetivo deste estudo foi identificar e analisar os principais desafios que os órgãos públicos enfrentam na adaptação às exigências da LGPD, bem como propor estratégias que possam melhorar a implementação de medidas de proteção de dados pessoais. Os resultados mostram que a conscientização e capacitação dos servidores públicos em relação à proteção de dados é uma área que requer atenção urgente, assim como a necessidade de desenvolver uma política unificada de proteção de dados, que priorize práticas de segurança e gestão da informação de forma acessível a todos os cidadãos.

Embora a implementação das diretrizes da LGPD seja desafiadora devido à complexidade e ao volume de exigências, é inegável que a Autoridade Nacional de Proteção de Dados (ANPD) tem desempenhado um papel crucial nesse processo. A disponibilização de guias, resoluções e materiais orientadores com um passo a passo detalhado tem proporcionado suporte valioso aos órgãos públicos, facilitando a conformidade com a legislação.

Portanto, a adoção dessas ferramentas e a implementação das estratégias propostas são passos fundamentais para fortalecer a proteção de dados pessoais no setor público e garantir a privacidade dos cidadãos, promovendo um ambiente mais seguro e conforme com as normas vigentes.

REFERÊNCIAS

BRASIL. Autoridade Nacional de Proteção de Dados. Resolução CD/ANPD nº 18, de 16 de julho de 2024. Aprova o Regulamento sobre a atuação do encarregado pelo tratamento de dados pessoais. Diário Oficial da União: seção 1, Brasília, DF, p. 42, 17 jul. 2024. Acesso em: 15 de outubro de 2024.

ANPD. Autoridade Nacional de Proteção de Dados. **Estudo Técnico sobre Anonimização de Dados na LGPD: uma visão de processo baseado em risco e técnicas computacionais**. Brasília, 2023.

ANPD. **Guia de elaboração de programa de governança em privacidade**. Brasília: Autoridade Nacional de Proteção de Dados, 2024.

DONEDA, Danilo. **Direito fundamental à proteção de dados pessoais: uma visão constitucional**. 2019. Acesso em: 20 de outubro de 2024.

HOUAISS, Antônio; VILLAR, Mauro de Salles. **Dicionário Houaiss da língua portuguesa**. Rio de Janeiro: Objetiva, 2009.

BIONI, Bruno R. **Proteção de Dados Pessoais - A Função e os Limites do Consentimento**. 3rd ed. Rio de Janeiro: Forense, 2021. *E-book.* p.Capa. ISBN 9788530994105. Disponível em: https://integrada.minhabiblioteca.com.br/reader/books/9788530994105/. Acesso em: 27 out. 2024.

TEIXEIRA, Tarcísio; GUERREIRO, Ruth M. **Lei Geral de Proteção de Dados Pessoais (LGPD): comentada artigo por artigo**. 4. ed. Rio de Janeiro: Saraiva Jur, 2022. E-book. p. 67. ISBN 9786555599015. Acesso em: 27 out. 2024.

Proteção de Dados Pessoais: A função e os limites do consentimento. 2019.

BRASIL. Lei nº 13.709, de 14 de agosto de 2018. Dispõe sobre a proteção de dados pessoais. Disponível em: <https://www.planalto.gov.br/ccivil_03/_ato2015-2018/2018/lei/l13709.htm>. Acesso em: 25 de outubro de 2024.

PGE/ES. **Dos direitos dos titulares de dados conferidos pela LGPD**. Disponível em: <https://pge.es.gov.br/dos-direitos-dos-titulares-de-dados-conferidos-pela-lgpd>. Acesso em: 20 de outubro de 2024.

NÚCLEO DE INFORMAÇÃO E COORDENAÇÃO DO PONTO BR; COMITÊ GESTOR DA INTERNET NO BRASIL. **Privacidade e proteção de dados pessoais: perspectivas de indivíduos, empresas e organizações públicas no Brasil / Privacy and**

personal data protection: perspectives of individuals, enterprises and public organizations in Brazil. São Paulo: CGI.br, 2021. Disponível em: https://www.cgi.br. Acesso em: 26 de outubro de 2024.

www.ingramcontent.com/pod-product-compliance
Lightning Source LLC
LaVergne TN
LVHW010255200726
843506LV00014B/3277